EINFACH GUT

MARLIES SAUERBORN (HRSG.)

GERICHTE AUS DEM WOK

FALKEN

Inhalt

Zu diesem Buch

Der Wok ist das chinesische Universalkochgeschirr. In ihm wird gekocht, gebraten, geschmort, fritiert und gedämpft.
Ursprünglich zum Kochen auf einer offenen Feuerstelle benutzt, ermöglicht seine Form einer offenen Halbkugel optimale Hitzeverteilung. Das bedeutet schnelles Garen der Zutaten; Vitamine und Nährstoffe bleiben weitgehend erhalten. Mit einigem Zubehör wie z. B. einem Drahtgitter zur Ablage fertig gegarter Fleisch- oder Gemüsestücke, einem Pfannenwender, einem Sieblöffel aus Drahtgeflecht und Bambuskörbchen zum Dämpfen haben Sie die nötige Grundausstattung.
Alle Rezepte sind für zwei Personen berechnet. Wenn Sie jedoch Ihre Gäste chinesisch bewirten wollen, können Sie die Zutaten problemlos verdoppeln oder vervielfachen.
Wichtig beim Kochen mit dem Wok ist, daß alle Zutaten gewaschen, geputzt und kleingeschnitten bereitgestellt werden, denn das Garen geht schnell, und die Gerichte sollen knackig oder knusprig auf den Tisch kommen. Zur schnellen Zubereitung gehört auch die chinesische Methode, alles möglichst klein und mundgerecht zu schneiden. Das erfordert zwar einige Vorbereitungszeit, aber das Ergebnis entschädigt für die Mühe.
Die verwendeten chinesischen Spezialitäten und Gewürze erhalten Sie in Asienläden und oft auch in gutsortierten Supermärkten. Oft werden getrocknete Pilze oder andere getrocknete Zutaten verwendet. Diese müssen in kaltem oder warmem Wasser etwa 20 Minuten eingeweicht werden. Pilze sollten danach noch einmal gewaschen werden, denn sie können noch sandig sein. Sojasprossen erhalten Sie in Gläsern, oft auch frisch.
Sprossen von anderen Hülsenfrüchten können Sie leicht selbst ziehen: entweder in einer speziellen Keimbox oder in einem Einmachglas, in dem die Samen zwei- bis dreimal täglich gespült werden. Das Wasser muß danach gut abtropfen, am besten spannen Sie ein Stück Gaze über die Öffnung und legen das Glas leicht schräg.
Über jedem Rezept finden Sie neben dem Stichwort zur Geschmacksorientierung eine Angabe zur Zubereitungszeit. Wir rechnen:
schnell: Zubereitungszeit bis ½ Stunde;
braucht Zeit: Zubereitungszeit bis 1½ Stunden;
zeitintensiv: Zubereitungszeit länger als 1½ Stunden.
Des weiteren gibt es für Figurbewußte eine Kalorienangabe und für perfekte Genießer Vorschläge für eine entsprechende Beilage oder ein passendes Getränk.
In der Zubereitungsanweisung wird vorausgesetzt, daß Früchte, Gemüse und Kräuter bereits gewaschen und geputzt sind.
Und nun viel Freude mit den folgenden Gerichten aus dem Wok!

Abkürzungen:

EL	= Eßlöffel (gestrichen)
TL	= Teelöffel (gestrichen)
Msp.	= Messerspitze
TK-...	= Tiefkühl-...
l	= Liter
ml	= Milliliter
kg	= Kilogramm
g	= Gramm
kcal	= Kilokalorien
ca.	= circa
Min.	= Minute(n)
Std.	= Stunde(n)

Die **Kalorienangaben** beziehen sich immer auf **1 Portion.**
Alle Gerichte sind für **2 Personen** berechnet.

Unter Rühren braten

Diese typische chinesische Garmethode erfordert eine gründliche Vorbereitung: Der Wok wird erhitzt und zweimal mit etwas Öl ausgeschwenkt. Dieses Öl wird dann in ein bereitstehendes hitzebeständiges Gefäß gegossen.

Alle Zutaten werden sorgfältig vorbereitet und in mundgerechte Stücke, Würfel oder feine Streifen geschnitten. In wenig Öl wird alles unter ständigem Rühren gebraten. Das Öl muß dabei sehr heiß sein, damit sich sofort eine Kruste bildet und die Fleisch-, Fisch- oder Gemüsestücke innen saftig bleiben.

Beim Pfannenrühren werden zuerst die Zutaten mit der längsten Garzeit gebraten, nacheinander wird dann das übrige Gargut hinzugefügt. Dabei sind die einzelnen Garzeiten wichtig. Es wird also zum Beispiel zartes Gemüse erst ganz zuletzt hinzugefügt, damit alles gleichzeitig fertig wird.

Es ist auch möglich, jede Zutat einzeln unter Rühren zu braten, warm zu stellen und zum Schluß alles zusammen im Wok miteinander zu vermischen.

Fritieren

Zum Fritieren benötigt man ein gutes, geschmacksneutrales Speiseöl. Es sollte nach jedem Gebrauch gefiltert und nur für wenige Fritiervorgänge benutzt werden. Durch die spezielle Form des Wok kommt man mit einer geringeren Menge Fett aus als in herkömmlichen Töpfen oder Friteusen.

Es gibt zwei verschiedene Arten des Fritierens: bei niedrigen bis mittleren Temperaturen, wobei das Fritiergut langsam gegart wird, bis es eine schöne braune Farbe und eine knusprige Kruste hat, und das blitzschnelle Fritieren bei extrem hoher Temperatur, bei dem das Fritiergut kroß gebraten wird.

Auch zum Fritieren werden die Zutaten meistens mundgerecht geschnitten. Oft werden sie in Teig gehüllt oder paniert. Oder es werden Teile eines Gerichtes erst fritiert und dann zusammen mit den übrigen Zutaten auf eine andere Art, z. B. durch Schmoren, fertiggegart.

Eine weitere Möglichkeit, empfindliches Gargut schonend zuzubereiten, besteht darin, es auf einen Sieblöffel zu legen und mit heißem Fett so lange zu begießen, bis es gar ist.

Schmoren

Auch beim Schmoren wird der Wok zunächst mit Öl ausgeschwenkt, damit nichts anhängt. Dann werden die Zutaten zunächst nach Rezept angebraten, oder es werden fritierte Fleisch- oder Fischstücke in den Wok gegeben und mit Flüssigkeit aufgegossen. Bei mittlerer Temperatur wird das Gericht gar geschmort. Wird dabei der Deckel nicht aufgelegt, reduziert sich die Flüssigkeit während des Garvorgangs, und man erhält eine aromatischere Sauce. Dann muß man allerdings hin und wieder umrühren. Dies ist nicht nötig, wenn man den Wok mit dem Deckel verschließt.

Die manchmal erwähnte Methode des Rotschmorens bedeutet, daß die Zutaten in Sojasauce geschmort werden und dadurch eine rötliche Farbe erhalten.

Kochen

Im Wok kann man auch »ganz normal kochen«. Diese Garmethode wird bei Suppen angewandt oder wenn z. B. Fleisch vor der weiteren Verarbeitung gar gekocht werden soll. Die Flüssigkeit sollte jedoch nicht sprudelnd kochen, sondern nur gerade den Siedepunkt erreichen.

Dämpfen

Für das Dampfgaren benötigen Sie einen oder mehrere Dämpfkörbe aus Bambusgeflecht, die Sie in Asienläden bekommen können. Der Dämpfkorb muß kleiner sein als der Wok, und der Deckel muß sich noch schließen lassen.

Besonders feine und zarte Lebensmittel wie Gemüse und Fisch lassen sich mit dieser Garmethode hervorragend zubereiten. Beliebt sind auch über Dampf gegarte gefüllte Teigtaschen oder -rollen.

Für das Dämpfen wird zuerst der Bambuskorb gewässert und dann mit dem Gargut gefüllt. Man kann es entweder direkt in den Korb oder aber auch auf einen passenden Teller, der in den Korb gestellt wird, legen. Nun wird Wasser im Wok zum Kochen gebracht und der Dämpfkorb in den Wok gestellt, ohne im Wasser zu stehen.

Durch den aufsteigenden Dampf werden die Speisen auf schonende Weise gegart.

SUPPEN UND KLEINE LECKER-BISSEN

Suppen als Vorspeisen, gefüllte Teigrollen als Zwischenmahlzeit, Kleinigkeiten zu allen Gelegenheiten – im Wok können Sie alles schnell und einfach zubereiten. Er läßt sich zum Kochen vieler Gerichte einsetzen, nicht nur für die original chinesische Küche.

Reissuppe mit Huhn

- Zubereitungszeit: ca. 3/4 Std.
- Quellzeit: ca. 1/2 Std.
- ca. 270 kcal je Portion
- Dazu paßt Weißbrot

1 Hühnerbrüstchen
1 EL Sesamöl
4 Frühlingszwiebeln
1 eingeweichter chinesischer Pilz
50 g Sojabohnenkeimlinge
50 g Champignons
50 g grüne Erbsen (TK)
100 g Reis
1/2 l Geflügelbrühe
1 EL Hoisinsauce
1 Msp. frisch geriebener Ingwer
1 Knoblauchzehe
Salz, frisch gemahlener Pfeffer
1 TL Glutamat
4 EL Reiswein
2 EL Schnittlauchröllchen

1. Das Hühnerbrüstchen in kleine Würfel schneiden, im Wok in Sesamöl rundherum kräftig anbraten.

2. Die Frühlingszwiebeln würfeln und mit den chinesischen Pilzen mitschwitzen. Die Sojabohnenkeimlinge abtropfen lassen. Die Champignons in Scheiben schneiden, beides mit den Erbsen in den Wok geben und kurz mitschwitzen.

3. Den Reis in Salzwasser kochen und unterrühren, mit der Geflügelbrühe auffüllen. Mit der Hoisinsauce und dem Ingwer aromatisieren. Die Knoblauchzehe mit Salz zerreiben und mit Pfeffer und Glutamat zur Suppe geben. Mit dem Reiswein aromatisieren und mit Schnittlauch bestreuen.

BRAUCHT ZEIT
PIKANT

Hackfleischsuppe

- Zubereitungszeit: ca. 3/4 Std.
- ca. 400 kcal je Portion
- Dazu paßt Weißbrot

1 Knoblauchzehe, Salz
1–2 EL Erdnußöl
125 g Rinderhackfleisch
4 Frühlingszwiebeln, 100 g Wirsing
je 1/2 rote und grüne Paprikaschote
1/2 l Gemüsebrühe, 1 EL Pflaumensauce
je 1 EL Hoisinsauce und Sojasauce
1 gehackte in Sirup eingelegte Ingwernuß
50 g eingeweichte Glasnudeln

1. Knoblauchzehe mit Salz zerreiben, Erdnußöl im Wok erhitzen und darin den Knoblauch anbraten, Fleisch dazugeben.

2. Das Gemüse in den Wok geben und unter Rühren glasig werden lassen. Die Gemüsebrühe, die Würzsaucen und den Ingwer dazugeben und alles bei mäßiger Hitze etwa 10 Minuten garen.

3. Die Glasnudeln 6 bis 8 Minuten einweichen, in der Suppe noch 2 bis 3 Minuten mitgaren, die Suppe abschmecken.

Wan-Tan-Suppe

- Zubereitungszeit: ca. 1/2 Std.
- ca. 340 kcal je Portion
- Dazu paßt Fladenbrot

10 Wan-Tan-Teighüllen (Fertigware)

Für die Füllung:
75 g mageres Schweinehack
1 eingeweichter chinesischer Pilz
1/2 EL gehackter Schnittlauch
je 1/2 TL Reiswein, Stärkemehl, Sojasauce
Chinagewürz

Für die Suppe:
4 Blatt Spinat, 2–3 Champignons
2 EL Bambussprossen
1/2 Frühlingszwiebel
350 ml Gemüsebrühe, 1 Ei
Salz, frisch gemahlener Pfeffer
1 Prise Glutamat

1. Die Zutaten für die Füllung mischen, Wan-Tan-Teighüllen mit je 1 EL füllen.

2. Mit dem kleingeschnittenen Gemüse in der Brühe 10 Minuten kochen, Ei verquirlen und einrühren.

Gemüsesuppe mit Schweinefleisch

- Zubereitungszeit: ca. 3/4 Std.
- ca. 240 kcal je Portion
- Dazu paßt Weißbrot

3–4 eingeweichte chinesische Pilze
2 Frühlingszwiebeln, 1 Karotte
1 Stange Staudensellerie
50 g Sojabohnenkeimlinge
50 g Bambussprossen
100 g mageres Schweinefleisch
50 g Krabben oder Crevetten
1/2 l Gemüsebrühe
Salz, frisch gemahlener Pfeffer
1/2 Msp. Ingwerpulver
1/2 TL Fünf-Gewürz-Pulver, 1 Ei

1. Pilze in Streifen, Gemüse in mundgerechte Stücke schneiden.

2. Das Schweinefleisch in hauchdünne Streifen schneiden. Die Krabben oder Krevetten waschen und gut abtropfen lassen.

3. Gemüsebrühe erhitzen und alle vorbereiteten Zutaten darin 20 Minuten garen, würzen und kurz vor dem Servieren das Ei verschlagen und darin stocken lassen.

Eierblumensuppe

- Zubereitungszeit: ca. 1/2 Std.
- ca. 380 kcal je Portion
- Dazu paßt Baguette

1 Scheibe gekochter Schinken
3 Frühlingszwiebeln, 1 Karotte
1 kleines Stück Staudensellerie
50 g Krabben oder Crevetten
3/8 l Geflügelbrühe
Salz, frisch gemahlener Pfeffer
1/2 TL Glutamat, 1 Msp. Ingwerpulver
1 Ei, 1/2 EL Sojasauce
1/2 TL Sesamöl

1. Den Schinken, die Frühlingszwiebeln, die Karotte und den Staudensellerie in hauchdünne Streifen schneiden.

2. Die Krabben waschen und trockentupfen. Die Geflügelbrühe in den Wok geben, aufkochen und die Zutaten darin 5 Minuten köcheln lassen. Mit Salz, Pfeffer, Glutamat und dem Ingwerpulver abschmecken.

3. Die Eier mit der Sojasauce und dem Sesamöl verschlagen und durch ein Sieb in die leicht köchelnde Suppe geben. Nochmals abschmecken.

Fritierte Krabben im Teigmantel

- Zubereitungszeit: ca. 1/2 Std.
- ca. 280 kcal je Portion
- Dazu paßt Fladenbrot

375 g geschälte Krabben
1 Ei
2–3 EL Mehl
Salz, frisch gemahlener Pfeffer
300 ml Öl
1 Zitrone

Die Krabben säubern. Aus Ei, Mehl, Salz und Pfeffer einen Teig rühren. Die Krabben hineintauchen und im heißen Öl schwimmend hellbraun braten. Auf Küchenkrepp abtropfen lassen. Mit Zitronenspalten anrichten.

Variation:
Statt Krabben können Sie auch Fischfilet verwenden, das Sie in dünne Streifen schneiden.
(auf dem Foto oben)

Gefüllte Teigtaschen

- Zubereitungszeit: ca. 1 Std.
- Ruhezeit: ca. 1/2 Std.
- ca. 610 kcal je Portion
- Dazu paßt Chinakohlsalat

Für den Teig:
100 ml Wasser
150 g gesiebtes Mehl

Für die Füllung:
125 g Schweinehackfleisch
4 TL Sojasauce, 2 TL Sesamöl
1 Prise Glutamat
150 g gekochte, zerkleinerte Chinakohlblätter
1–2 zerkleinerte chinesische Pilze
50 g gekochte, zerkleinerte Bambussprossen
1/2 sehr klein geschnittene Schalotte
1–2 cm Ingwer, zerkleinert
Weinessig, Senf, Sojasauce
braune Bohnensauce, Öl

1. Für den Teig Wasser mit Mehl zu einem geschmeidigen Teig verkneten, diesen in einem feuchten Tuch eingewickelt 2 Stunden ruhen lassen.

2. Inzwischen das Schweinehackfleisch mit der Sojasauce, Sesamöl und Glutamat verkneten, mit dem Chinakohl, den Pilzen, den Bambussprossen, der Schalotte und dem Ingwer gut mischen.

3. Den Teig vorsichtig auswickeln, auf einer bemehlten Arbeitsfläche zu einer Rolle von knapp 3 cm Durchmesser formen, Stücke von 2 cm Länge abschneiden und flache Teigplatten daraus formen.

4. Auf jedes Teigstück etwa 1 1/2 Teelöffel der Füllung legen, zusammenfalten und einheitliche Küchlein formen.

5. Die Küchlein im Wok in Öl kräftig anbräunen, mit heißem Wasser angießen, zudekken. Den Deckel rechtzeitig abnehmen, so daß die Flüssigkeit in etwa 20 Minuten verdampft. Den Deckel durch einen umgedrehten Teller ersetzen, alles so stürzen, daß die Küchlein mit der gebräunten Seite nach oben zeigen. Die Küchlein mit den restlichen Gewürzen warm anrichten.
(auf dem Foto unten)

SCHNELL · **KNACKIG**

BRAUCHT ZEIT · **MILD**

Frühlingsrollen

- Zubereitungszeit: ca. 3/4 Std.
- ca. 420 kcal je Portion
- Dazu paßt Pflaumenwein

Für den Teig:
80 g Weizenmehl, 150 ml Milch
1 Ei , 1 Prise Salz
Erdnußöl zum Ausbacken

Für die Füllung:
1 Hühnerbrüstchen
1 EL Erdnußöl, 1 Frühlingszwiebel
100 g Sojabohnenkeimlinge
2 eingeweichte chinesische Pilze
1–2 EL Hoisinsauce, 1/2 TL Stärkemehl
75 ml Geflügelbrühe, 1 Msp. Chilipulver
Salz, etwas Glutamat

Außerdem:
1 Eigelb, Holzstäbchen
Fett zum Ausbacken

1. Für den Teig die Zutaten zu einem glatten Teig verarbeiten, leicht salzen, in einer Pfanne dünne Pfannkuchen in Öl ausbacken, warm stellen.

2. Die Hühnerbrüstchen in dünne Streifen schneiden und unter ständigem Rühren im Wok in wenig Öl 1 Minute scharf anbraten.

3. Die Frühlingszwiebeln in Streifen schneiden, die Sojabohnenkeimlinge abtropfen lassen und die Pilze kleinschneiden. Alles eine weitere Minute mitbraten.

4. Die Hoisinsauce unterrühren, das Stärkemehl mit der Geflügelbrühe glattrühren und die Füllung damit binden. Mit den Gewürzen abschmecken.

5. Die Masse auf die Pfannkuchen verteilen, ihr unteres Ende über die Füllung klappen, die Seiten von rechts und links darüberschlagen, mit Eigelb bestreichen, zusammenrollen und mit Holzstäbchen zusammenstecken.

6. Im Wok im schwimmenden Fett ausbacken, auf Kreppapier legen und abtupfen.
(auf dem Foto oben)

Pfannkuchen mit Frühlingszwiebeln

- Zubereitungszeit: ca. 3/4 Std.
- Ruhezeit: ca. 1/4 Std.
- ca. 960 kcal je Portion
- Dazu paßt Schnittlauchquark

150 ml warmes Wasser
300 g Weizenmehl
40 g Frühlingszwiebeln
100 ml Öl, 1 TL Salz
1 TL frisch gemahlener weißer Pfeffer
2 EL Öl für den Teig
Öl zum Ausschwenken und Ausbacken

1. Wasser und Mehl zu einem glatten Teig verkneten, 1/4 Stunde ruhen lassen.

2. In der Zwischenzeit die Frühlingszwiebeln kleinhacken, mit Salz und Pfeffer würzen.

3. Den Teig zu einer Rolle von 3 cm Durchmesser formen, 40-Gramm-Stücke abschneiden und zu sehr dünnen, runden Teigplatten ausrollen, mit Öl einpinseln.

4. Etwas Gewürzmischung darüberstreuen, die Teigplatten aufrollen und zusammenlegen. Dann die Rollen in sich selbst verdrehen, zusammendrücken und erneut verkneten. 15 bis 20 cm große Platten ausrollen.

5. Im Wok in 2 Eßlöffeln Öl die Pfannkuchen nacheinander bei mittlerer Hitze braten, nach 1/2 Minute wenden.
(auf dem Foto unten)

Gefüllte Dampfnudeln

- Zubereitungszeit: ca. 1½ Std.
- Ruhezeit: ca. ½ Std.
- ca. 640 kcal je Portion
- Dazu paßt gemischter Salat

Für den Teig:
250 g Mehl
⅛ l lauwarme Milch
½ Würfel Hefe
1 Prise Salz,
½ EL Zucker

Für die Füllung:
1–2 EL Sesamöl
125 g Hackfleisch
½ gehackte Zwiebel
1 gehackte, in Sirup eingelegte Ingwernuß
2 EL gehackte Nüsse
2 Msp. Fünf-Gewürz-Pulver
1 EL Sojasauce
1 EL Hoisin-Sauce
einige Tropfen Essig
Salz, Szetschuan-Pfeffer

1. Das Mehl mit den übrigen Zutaten zu einem geschmeidigen Hefeteig kneten und ½ Stunde ruhen lassen.

2. Für die Füllung das Sesamöl im Wok erhitzen und das Fleisch darin unter ständigem Rühren braten. Die übrigen Zutaten dazugeben und kräftig würzen.

3. Aus dem Teig kleine Bällchen formen, flach drücken, etwas Füllung daraufgeben und die Bällchen verschließen. In Dampfkörbchen setzen und über Salzwasser im Wok 20 bis 30 Minuten dämpfen.

Teigtaschen mit Ingwer-Dattel-Füllung

- Zubereitungszeit: ca. 3/4 Std.
- ca. 850 kcal je Portion
- Dazu paßt ein Glas Tee

1 TK-Hefeteig

Für die Füllung:
2 EL Schweineschmalz
125 g Datteln
50 g in Sirup eingelegte Ingwernüsse
50 g gesalzene Erdnüsse
1 EL Essig
1 Msp. Ingwerpulver
1/2 TL Curry
1 Prise Salz

1. Den Hefeteig auftauen lassen, ausrollen und Quadrate ausschneiden.

2. Das Schweineschmalz in einem Topf erhitzen, die Datteln fein hacken und die Ingwernüsse kleinschneiden, beides im Schmalz anschwitzen, erkalten lassen.

3. Die Erdnüsse inzwischen pürieren. Zu den Früchten geben und zu einer Paste rühren. Mit Essig, Ingwer, Curry und Salz abschmecken.

4. Je 1 Teelöffel Füllung auf die Quadrate setzen und sie verschließen. Über Dampf garen oder im schwimmenden Fett ausbacken.

Tofuwürfel in Sojasauce

- Zubereitungszeit: ca. 3/4 Std.
- ca. 400 kcal je Portion
- Dazu paßt Reis

50 g Frühlingszwiebeln
10 g frischer Ingwer
500 g Tofu
Öl
200 ml Hühnerbrühe
2 1/2 EL karamelisierter Zucker
1 1/2 EL süße Bohnensauce
1 Prise Glutamat
2 EL Sojasauce
2 EL Zucker
5 EL Reiswein oder milder Weißwein

1. Die Frühlingszwiebeln in 2 cm große Stücke schneiden. Den Ingwer schälen und hacken. Den Tofu in 2 cm große Würfel teilen. Alles im Wok 5 Minuten in Öl fritieren und warm stellen.

2. Die Hühnerbrühe, den karamelisierten Zucker, die Bohnensauce, das Glutamat, die Sojasauce, den Zucker und den Reiswein hinzufügen und 2 Minuten bei großer Flamme kochen lassen.

3. Den Tofu mit den Frühlingszwiebeln in die Sauce geben, bei großer Flamme 1 Minute, bei kleiner Flamme noch weitere 15 bis 20 Minuten schmoren lassen. Die Sauce eventuell mit etwas Speisestärke binden.

Tip:
Sollten Sie keine süße Bohnensauce zur Hand haben, verwenden Sie ersatzweise süße Sojasauce, die mit 1 1/2 TL Salz verrührt wird.
(auf dem Foto oben)

Bohnenpuffer

- Zubereitungszeit: ca. 1/2 Std.
- ca. 110 kcal. je Portion
- Dazu paßt Bauernsalat

1 kleine Zwiebel
2 EL Basilikum
4 EL Mungobohnensprossen oder Sojabohnensprossen
3 EL Weizenmehl
1 Ei
3 EL Wasser
frisch gemahlener Pfeffer
Kräutersalz
Öl zum Backen

1. Die Zwiebel in sehr feine Würfel schneiden, mit dem Basilikum und den Mungosprossen mischen.

2. Das Mehl, Ei und Wasser hinzufügen, mit Pfeffer und Kräutersalz zu einem glatten Teig verrühren.

3. Flache, handtellergroße Puffer formen und nacheinander in heißem Öl auf mittlerer Flamme goldgelb backen.
(auf dem Foto unten)

FLEISCH UND GEFLÜGEL

Vielseitigkeit ist Trumpf beim Wok. Mit ihm können Fleischstücke und Geflügelteile gebraten, geschmort, gekocht und fritiert werden. Es geht schnell, alles behält seinen charakteristischen Geschmack oder kann durch die unterschiedlichsten Zutaten und Gewürze variiert werden.

Schweinefleisch mit gebratenen Nudeln

- Zubereitungszeit. ca. 1/4 Std.
- ca. 440 kcal je Portion
- Dazu paßt ein Glas Weißwein

4 Frühlingszwiebeln
1/2 rote Paprikaschote
150 g grüne Bohnen
150 g durchwachsenes Schweinefleisch
2 EL Erdnußöl
75 ml Geflügelbrühe
1 EL Sojasauce
1 El Hoisinsauce
1 Msp. Glutamat
1 EL Speisestärke
1/2 TL Salz, frisch gemahlener Szetschuanpfeffer
1 EL Erdnußöl
150 g gekochte Eiernudeln
2 EL Reiswein

1. Die Frühlingszwiebeln in 3 cm lange Stücke schneiden. Die Paprikaschote halbieren, entkernen und in Streifen schneiden. Die Bohnen kleinschneiden. Das Schweinefleisch in hauchdünne Streifen schneiden, mit den Frühlingszwiebeln und der Paprikaschote scharf anbraten und etwa 3 Minuten unter ständigem Rühren rösten.

2. Die Bohnen hinzufügen, nur kurz mitschwitzen. Die Geflügelbrühe mit den übrigen Gewürzen verrühren und das Fleisch mit dem Gemüse damit ablöschen und mit der Stärke binden. Pikant abschmecken und aus dem Wok nehmen.

3. Das Öl im Wok erhitzen und die Nudeln bei mittlerer Hitze 2 bis 3 Minuten braten. Die Fleischmischung unterheben und das Gericht mit dem Reiswein aromatisieren.

SCHNELL
MILD

Glasnudeln mit Rind und Shrimps

- Zubereitungszeit: ca. ¾ Std.
- ca. 430 kcal je Portion
- Dazu paßt ein Glas Rosé

100 g Rinderlende
1–2 EL Erdnußöl
4 Frühlingszwiebeln
½ TL gehackter Ingwer
50 g Sojabohnenkeimlinge
1–2 EL Sojasauce
½ TL Zucker
einige Tropfen Chiliöl, Salz
1 kleine Karotte
1 kleine Zwiebel
1 EL Sesamöl
100 g Shrimps oder Crevetten
1 EL Honig
Saft einer Mandarine
1 EL Essig
1 Msp. Glutamat
50 g eingeweichte Glasnudeln
Öl zum Ausbacken
1 EL Sojasauce

1. Die Lende in dünne Streifen schneiden und unter ständigem Rühren scharf anbraten. Die Frühlingszwiebeln hacken und zusammen mit dem Ingwer und den Sojabohnenkeimlingen mitbraten. Mit der Sojasauce, dem Zucker und dem Chiliöl würzen, mit Salz abschmecken, herausnehmen und warm stellen.

2. Die Karotte und die Zwiebel fein schneiden und in Öl anschwitzen Die Shrimps dazugeben und mitschwitzen. Mit Honig, Mandarinensaft und Essig würzen, mit Salz und Glutamat abschmecken.

3. Die Glasnudeln in Öl ausbacken und mit Sojasauce beträufeln. Rindfleisch und Shrimps mit den Nudeln mischen und anrichten.

Schweinefleisch mit Gemüsen

- Zubereitungszeit: ca. 3/4 Std.
- ca. 400 kcal je Portion
- Dazu paßt Reis

200 g mageres Schweinefleisch
1 Knoblauchzehe
Salz, frisch gemahlener Szetschuanpfeffer
2 EL Pflanzenöl
je 125 g Blumenkohl und Brokkoli
100 g Chinakohl
je 1 EL Sojasauce und Hoisinsauce
75 ml Geflügelbrühe
1/2 TL Speisestärke
1–2 EL Essig, 1/2 TL Zucker
1 Msp. Glutamat,
frisch gemahlener Pfeffer
2 TL Reiswein

1. Das Schweinefleisch in dünne Streifen schneiden. Die Knoblauchzehe mit Salz zerreiben, das Fleisch damit gründlich einreiben und pfeffern.

2. Das Fleisch im Wok in Öl 4 Minuten unter ständigem Rühren braten, herausnehmen und warmstellen.

3. Das Gemüse nach Sorte in Röschen zerteilen oder in Scheiben schneiden, im verbliebenen Bratfett kurz anschwitzen. Sojasauce, Hoisinsauce und Geflügelbrühe angießen und alles zugedeckt 8 Minuten zugedeckt garen.

4. Speisestärke mit Essig glattrühren und das Gemüse damit binden, mit den restlichen Gewürzen abschmecken und mit dem Reiswein aromatisieren, das Fleisch dazugeben und kurz erhitzen.

Rotgeschmortes Hackfleisch

- Zubereitungszeit: ca. 3/4 Std.
- ca. 740 kcal je Portion
- Dazu passen Glasnudeln

250 g gemischtes Hackfleisch
2 EL Sesamöl
1/2 kleingewürfelte Zwiebel
je 1/2 kleingewürfelte rote und grüne Paprikaschote
1 kleingewürfelte Ananas
3 EL Sojasauce
3 EL Weißwein
1 EL Essig
1 EL Honig
1/8 l Fleischbrühe
Salz, frisch gemahlener Pfeffer
1 Prise Glutamat
einige Tropfen Chiliöl

1. In einem Wok das Hackfleisch in Öl unter ständigem Rühren kurz anbraten.

2. Das Gemüse und die Ananas dazugeben, kurz mitbraten. Mit der Sojasauce, Weißwein, Essig, Honig und Fleischbrühe auffüllen, bei mäßiger Hitze in 20 bis 25 Minuten gar schmoren und kräftig abschmecken.

Gebratene Nudeln mit Pilzen

- Zubereitungszeit: ca. 3/4 Std.
- ca. 1000 kcal je Portion
- Dazu paßt Tomatensalat

150 g grüne Bandnudeln
Salz
150 g durchwachsener Speck
2 EL Öl
1 Zwiebel
250 g gemischte Pilze
2 Eier
2 EL saure Sahne
frisch gemahlener Pfeffer
1/2 Bund gezupfter Thymian

1. Die Nudeln entsprechend der Packungsanweisung zubereiten.

2. Den Speck würfeln und in Öl auslassen. Die Nudeln darin kräftig anbraten.

3. Die Zwiebel würfeln, die Pilze kleinschneiden, beides mit den Nudeln etwa 10 Minuten bei mittlerer Hitze dünsten.

4. Eier und Sahne verquirlen, mit Salz, Pfeffer und Thymian würzen. Alles über die Nudeln gießen und die Eiermasse stocken lassen.

Schweinefleisch mit Nüssen

- Zubereitungszeit: ca. 3/4 Std.
- ca. 790 kcal je Portion
- Dazu paßt gebratener Reis

30 g chinesische Pilze, 160 g Kotelett
120 g Bambussprossen
60 g Schinken, 1 rote Paprikaschote
2 Knoblauchzehen
Öl, 2 EL Sambal
80 g frische oder TK-Erbsen
2 EL süße Bohnensauce
3 EL Zucker, 2 EL Sojasauce
1/2 TL Pfeffer, 1 Prise Glutamat
1/2 TL Salz, 1/4 l Hühnerbrühe
3 TL angerührte Kartoffelstärke
2 TL Sesamöl
100 g gesalzene und geröstete Erdnüsse

1. Pilze 1 1/2 Stunden einweichen, Fleisch würfeln und gar kochen. Schinken und Gemüse kleinschneiden.

2. Zerdrückten Knoblauch und Sambal kurz anbraten, Fleisch, Schinken und Gemüse zugeben und 3 Minuten unter Rühren braten, Brühe und Gewürze zugeben, binden, Erdnüsse zugeben und mit Sesamöl beträufeln.

Rindfleisch mit Frühlingszwiebeln

- Zubereitungszeit: ca. 1/2 Std.
- ca. 500 kcal je Portion
- Dazu paßt Reis

300 g Rinderfilet
4 Frühlingszwiebeln, 2 Knoblauchzehen
Öl zum Ausschwenken und Braten
1 EL Sambal, 1 Prise Glutamat
1 EL süße Bohnensauce
1 Msp. frisch gemahlener Pfeffer
1 1/2 EL Zucker, 1 EL Reiswein
1 1/2 EL Tomatenketchup
2 TL Sojasauce, 75 ml Hühnerbrühe
1 1/2 TL mit 3 EL Wasser angerührte Kartoffelstärke, 1 TL Sesamöl

1. Rindfleisch in Streifen, Frühlingszwiebeln in Stücke schneiden, Knoblauch fein hacken, Fleisch im Wok anbraten, warm stellen.

2. Wok mit Öl ausschwenken, Knoblauch und Sambal kurz anbraten, Fleisch und Frühlingszwiebeln zugeben, alles 2 Minuten unter Rühren braten.

3. Gewürze zugeben, mit der Brühe ablöschen, die Sauce mit dem Stärkemehl binden, mit Sesamöl beträufeln.

Pfannengerührtes Rinderfilet

- Zubereitungszeit: ca. $^1/_2$ Std.
- Marinierzeit: ca. 1 Std.
- ca. 390 kcal je Portion
- Dazu paßt Reis

300 g Rinderfilet
Salz, frisch gemahlener Pfeffer
2–3 EL Sojasauce
1 EL Hoisinsauce
2 EL Reiswein
1 EL Honig
2 Zwiebeln
1 Karotte
2 EL Erdnußöl
75 ml Gemüsebrühe
$^1/_2$ EL Maisstärke
1 Prise Cayennepfeffer

1. Das Filet in Streifen oder Würfel schneiden, salzen und pfeffern. Die Sojasauce mit Hoisinsauce, Reiswein und Honig mischen und über das Fleisch geben, mindestens 1 Stunde durchziehen lassen.

2. Inzwischen die Zwiebeln und die Karotten in feine Würfel oder Streifen schneiden. Das Öl im Wok erhitzen und das Fleisch darin unter Rühren anbraten, herausnehmen und warm stellen. Das Gemüse im verbliebenen Fett ebenfalls unter Rühren braten.

3. Die Gemüsebrühe mit der Stärke verrühren und mit dem Gemüse kurz aufkochen lassen. Das Fleisch nochmals kurz mitgaren und abschmecken.

Süß-saures Schweinefleisch

- Zubereitungszeit: ca. 1/2 Std.
- ca. 470 kcal je Portion
- Dazu paßt Reis

250 g Schweinefilet
Salz, frisch gemahlener Szetschuanpfeffer
1 kleines Ei, 1 EL Maisstärke
2 EL Sesamöl, 1 kleine Zwiebel
1/2 rote Paprikaschote, 1 Karotte
1/8 l Gemüsebrühe
1 EL Tomatenmark, 1–2 EL Sojasauce
2 Scheiben Ananas aus der Dose
1–2 EL Obstessig
1/2 TL Curry
einige Tropfen Chiliöl
1 EL Schnittlauchröllchen

1. Das Schweinefilet in hauchdünne Scheiben schneiden, mit Salz und Szetschuanpfeffer würzen.

2. Das Ei verschlagen, mit der Stärke verrühren und die Mischung gleichmäßig über die Fleischscheiben verteilen, alles kräftig durcharbeiten. Das Fleisch im Wok unter Rühren in heißem Öl scharf anbraten und herausnehmen.

3. Das Gemüse in Streifen schneiden und im verbliebenen Fett kurz anbraten,mit Gemüsebrühe ablöschen, Tomatenmark und Sojasauce untermischen.

4. Die Ananasscheiben würfeln, mit Essig und Curry unter das Gemüse geben, aufkochen lassen. Abschmecken, mit Chiliöl schärfen. Das Fleisch nochmals kurz miterhitzen und das Gericht mit Schnittlauch bestreuen.

Schinken-Wirsing-Pfanne

- Zubereitungszeit: ca. 1/2 Std.
- ca. 350 kcal je Portion
- Dazu passen in Butter geschwenkte Pellkartoffeln

2–3 eingeweichte chinesische Pilze
1/2 kleiner Wirsing
1 kleine Zwiebel
1 Knoblauchzehe
1–2 EL Erdnußöl
150 ml Gemüsebrühe
1–2 EL Sojasauce
1 EL Tomatenmark
1–2 EL Obstessig
1 EL Honig
Salz, frisch gemahlener Pfeffer
1/2 TL Fünf-Gewürz-Pulver
100 g feingeschnittener roher Schinken
Maisstärke
einige Tropfen Chiliöl

1. Die Pilze in Streifen schneiden. Die Wirsingblätter in Quadrate schneiden, die Zwiebel und die Knoblauchzehe fein hacken. Das Öl im Wok erhitzen und das Gemüse darin scharf anbraten.

2. Die Brühe, die Gewürze und den Schinken dazugeben und zum Kochen bringen. Mit wenig Stärke binden und mit Chiliöl nach Geschmack schärfen. Eventuell übrigen Schinken zu Röllchen drehen und dazu servieren.
(auf dem Foto oben)

Chop Suey

- Zubereitungszeit: ca. 3/4 Std.
- Marinierzeit: ca. 1 Std.
- ca. 620 kcal je Portion
- Dazu paßt gebratener Reis

100 g Schweinefilet
100 g Putenfilet
je 1–2 EL Sherry und Sojasauce
1/2 EL Speisestärke
etwas Zucker
1/2 chinesischer Pilz
1/2 Stange Lauch
1 kleine Karotte
150 g Bambussprossen aus der Dose
10 g eingeweichte Glasnudeln
2 EL Distelöl
60 g gemischte Sprossen
(Linsen-, Sojabohnen-, Erbsensprossen)

1. Das Fleisch in feine Streifen schneiden, in einer Marinade aus Sherry, Sojasauce, Speisestärke und 1 Prise Zucker etwa 1 Stunde ziehen lassen.

2. Den Pilz in lauwarmem Wasser einweichen. Den Lauch in schmale Ringe, die Karotten und die Bambussprossen in feine Streifen schneiden.

3. Die Glasnudeln entsprechend der Packungsanweisung zubereiten, herausnehmen und kleinschneiden.

4. Das Gemüse, die Sprossen und den Pilz portionsweise im Wok je 2 Minuten kräftig anbraten. Das Fleisch abtropfen lassen, in 2 Portionen jeweils 3 Minuten unter Rühren braten.

5. Alles miteinander gut mischen und nochmals kurz erhitzen und eventuell abschmecken.
(auf dem Foto unten)

SCHNELL · HERZHAFT

BRAUCHT ZEIT · AROMATISCH

Schweinefleischbällchen

- Zubereitungszeit: ca. 1/2 Std.
- ca. 650 kcal je Portion
- Dazu paßt Chinakohlsalat

1 Zwiebel
300 g Schweinehackfleisch
1 Ei
2 EL Maisstärke
1 EL Sojasauce
1 EL Hoisinsauce
1 gehackte Knoblauchzehe
1/2 TL Fünf-Gewürz-Pulver
1/2 TL geriebene Ingwerwurzel
Salz, frisch gemahlener Pfeffer
1 Prise Cayennepfeffer
1 Prise Zucker
Fett zum Ausbacken

1. Die Zwiebel fein hacken, mit dem Hackfleisch, den Eiern, Stärke, Soja- und Hoisinsauce, der Knoblauchzehe, dem Gewürz und der Ingwerwurzel zu einer kompakten Masse verarbeiten.

2. Den Fleischteig mit Salz, Pfeffer, Cayennepfeffer und Zucker kräftig würzen und aus der Masse kleine Fleischbällchen formen.

3. Den Wok mit Öl ausschwenken und die Hackbällchen in 2 Portionen jeweils 7 bis 8 Minuten in Öl goldgelb ausbacken.

Lammgeschnetzeltes

- Zubereitungszeit: ca. 3/4 Std.
- ca. 860 kcal je Portion
- Dazu passen Salzkartoffeln

250 g Lammfleisch aus der Keule
frisch gemahlener Pfeffer
50 g durchwachsener Speck
2–3 EL Butter
250 g Wirsing
100 ml Sahne
1 EL Sherry
1 EL Rosinen
Worcestersauce

1. Das Fleisch in schmale Streifen schneiden, pfeffern. Den Speck würfeln, den Wirsing in Streifen schneiden.

2. Den Speck im Wok auslassen, 2 Eßlöffel Butter dazugeben und darin das Fleisch kräftig anbraten und salzen.

3. Die restliche Butter hinzufügen und den Wirsing kurz mitbraten. Die Sahne und den Sherry angießen, die Rosinen hinzufügen. Alles etwa 1/4 Stunde garen. Mit Salz, Pfeffer und Worcestersauce abschmecken.

Hähnchen mit Gemüse

- Zubereitungszeit: ca. 1/2 Std.
- Marinierzeit: ca. 1/2 Std.
- ca. 420 kcal je Portion
- Dazu passen gebratene Nudeln

3–4 eingeweichte chinesische Pilze
2 Hähnchenbrustfilets
Salz, frisch gemahlener Pfeffer
2 EL Sojasauce
1/2 TL Fünf-Gewürz-Pulver
2 EL Reiswein
1 Ei
1 EL Maisstärke
Fett zum Ausbacken
1 Chilischote
1 Zwiebel
1 kleine Stange Lauch
1 Karotte
50 g Staudensellerie
3 Tomaten
2 EL Erdnußöl

1. Die Pilze in Streifen schneiden, das Fleisch würfeln, salzen und pfeffern, in einer Marinade aus Sojasauce, Gewürzpulver und Reiswein ziehen lassen.

2. Das Ei verschlagen und mit der Stärke verrühren, mit dem Fleisch mischen.

3. Die Hähnchenwürfel in Fett knusprig ausbacken. Das Gemüse in Streifen schneiden und außer den Tomaten alles in Öl unter Rühren braten. Die Tomaten würfeln, mit den Pilzen und dem Fleisch zum Gemüse geben und kurz miterhitzen.
(auf dem Foto: oben)

Paprikahähnchen

- Zubereitungszeit: ca. 1/2 Std.
- Marinierzeit: ca. 1/4 Std.
- ca. 440 kcal je Portion
- Dazu paßt Reis

2 Hähnchenbrustfilets
Salz, frisch gemahlener Pfeffer
2 EL Tomatenketchup
1 EL Honig
1 EL Essig
1–2 EL Sojasauce
1 EL Hoisinsauce
1/2 TL Fünf-Gewürz-Pulver
1 Zwiebel
1 rote Paprikaschote
1 grüne Paprikaschote
1 Karotte
2–3 EL Erdnußöl
150 ml Gemüsebrühe
1 EL Maisstärke

1. Das Hähnchenfleisch in Streifen schneiden, salzen und pfeffern. In einer Marinade aus Tomatenketchup, Honig, Essig, Soja- und Hoisinsauce sowie Gewürzpulver 1/4 Stunde durchziehen lassen.

2. Das Gemüse in dünne Streifen schneiden. Das Öl im Wok erhitzen und das Fleisch unter Rühren 4 bis 5 Minuten braten und herausnehmen. Das Gemüse im verbliebenen Fett unter Rühren 3 bis 4 Minuten braten.

3. Die Brühe mit der Stärke verrühren und mit dem Gemüse aufkochen lassen. Das Fleisch nochmals kurz miterhitzen, alles mit Salz und Pfeffer abschmecken.
(auf dem Foto: unten)

Hühnerfleisch süß-sauer

- Zubereitungszeit: ca. ½ Std.
- ca. 240 kcal je Portion
- Dazu paßt Reis

2 Hühnerbrüstchen
Salz, frisch gemahlener Pfeffer
2 EL Sesamöl
1 kleine Zwiebel
je 1 rote und grüne Paprikaschote
2 Scheiben Ananas
1 EL Tomatenmark
2 EL Essig
1 EL Sojasauce
150 ml Geflügelbrühe
1 EL Sojapaste
einige Tropfen Chiliöl
1 TL Stärkemehl
1 Prise Glutamat

1. Die Hühnerbrüstchen in dünne Streifen schneiden, salzen und pfeffern. Im Wok das Öl erhitzen und das Hühnerfleisch scharf anbraten, herausnehmen und warm stellen.

2. Die Zwiebel, die Paprikaschoten und die Ananasscheiben würfeln, im verbliebenen Fett 5 Minuten glasig schwitzen. Das Tomatenmark mit Essig, Sojasauce, Geflügelbrühe, Sojapaste und Chiliöl glattrühren, das Stärkemehl darunterziehen und das Gemüse mit der Marinade binden.

3. Mit Glutamat, Salz und Pfeffer abschmecken, das Hühnerfleisch dazugeben und noch einmal aufkochen lassen.

Chicken Madras

- Zubereitungszeit: ca. 1 Std.
- Einweichzeit: ca. 1/2 Std.
- ca. 790 kcal je Portion
- Dazu paßt grüner Salat

50 g Kokosraspel, 1/4 l Milch
je 2 Zwiebeln und Knoblauchzehen
100 g Karotten
300 g Hähnchenfilet
1–2 EL Sojaöl, Salz, Curry
1 kleine Banane
1/8 l Geflügelbrühe
1 Chilischote
100 g Crème fraîche
100 g Ananas in Stücken, aus der Dose
50 g gesalzene Cashewkerne
frisch gemahlener weißer Pfeffer
rosenscharfer Paprika
Zitronensaft

1. Die Kokosraspel in Milch etwa 1/2 Stunde einweichen. Das Gemüse und den Knoblauch fein würfeln. Das Fleisch in grobe Stücke schneiden, im Wok von allen Seiten in Öl scharf anbraten. Herausnehmen, salzen und mit viel Curry bestäuben.

2. Das Gemüse im restlichen Fett anbraten, die Banane schälen, zerdrücken und daruntermischen. Alles mit Brühe ablöschen und 5 Minuten kochen lassen. Mit Curry abschmecken.

3. Die Chilischote entkernen und in feine Ringe schneiden, die Kokosmilch durchseihen, beides mit dem Hähnchenfleisch, der Crème fraîche den Ananasstückchen und den Cashewkernen unter das Gemüse rühren.

4. Alles 10 bis 20 Minuten schmoren lassen. Mit Salz, Pfeffer, Paprika, Curry, Zitronen- und Ananassaft nicht zu scharf abschmecken.

Hähnchenwürfel in Erdnußsauce

- Zubereitungszeit: ca. 1/2 Std.
- ca. 300 kcal je Portion
- Dazu passen Spätzle

2 Hühnerbrüstchen
Salz
1 EL Speisestärke
1 Chilischote
2 EL Schweineschmalz
1 kleine Zwiebel
1/2 rote Paprikaschote
50 g gemahlene Erdnüsse
1 EL Essig
1 EL Sojasauce
75 ml Geflügelbrühe
2 EL Weinbrand
Salz, frisch gemahlener Pfeffer

1. Die Hühnerbrüstchen in gleichmäßige Würfel schneiden, salzen und mit 1/2 Eßlöffel Stärke bestäuben. Die Chilischote entkernen und fein hacken, in Schweineschmalz anbraten, das Hähnchenfleisch dazugeben und unter ständigem Rühren bei starker Hitze 3 Minuten anbraten.

2. Die Zwiebeln und die Paprikaschote in Scheiben schneiden, dazugeben und glasig schwitzen. Die gemahlenen Nüsse unterrühren. Mit Essig, Sojasauce und der Geflügelbrühe auffüllen, die restliche Speisestärke anrühren und die Sauce damit binden.

3. Das Gemüse mit dem Weinbrand aromatisieren, mit Salz und Pfeffer abschmecken und das Hähnchenfleisch unter die Sauce geben.
(auf dem Foto oben)

Entenwürfel mit Früchten

- Zubereitungszeit: ca. 1/2 Std.
- Marinierzeit: ca. 20 Min.
- ca. 940 kcal je Portion
- Dazu paßt Reis

Für die Entenwürfel:
300 g Entenfleisch, Salz
75 ml Reiswein, 2 EL Sojasauce
1/2 TL Fünf-Gewürz-Pulver
1 EL Hoisinsauce
frisch gemahlener Pfeffer
100 g Mehl, 75 ml Weißwein
1 Ei
Fett zum Ausbacken

Für die Sauce:
4 Frühlingszwiebeln
je 1/2 rote und grüne Paprikaschote
je 50 g Lychees und Ananas
1 EL Sesamöl
1/8 l Geflügelbrühe
1 EL Tomatenmark
einige Tropfen Chiliöl und Essig
Maisstärke zum Binden

1. Das gewürfelte Entenfleisch 3/4 Stunden in Salzwasser garen, salzen und in einer Marinade aus Reiswein, Sojasauce, Gewürzpulver und Hoisinsauce ziehen lassen.

2. Mehl, Weißwein und Eigelb zu einem Teig rühren, das steifgeschlagene Eiweiß unterziehen, Fleischwürfel darin wenden und im heißen Fett ausbacken.

3. Gemüse und Früchte nacheinander im Sesamöl braten, Brühe, Tomatenmark und den Rest der Marinade zugeben, aufkochen lassen, abschmecken und die Sauce mit der Stärke binden.
(auf dem Foto unten)

SCHNELL · NUSSIG

SCHNELL · FEIN

Putengeschnetzeltes mit Nudeln

- Zubereitungszeit: ca. 1 Std.
- ca. 830 kcal je Portion
- Dazu paßt ein Glas Weißwein

50 g Karotten
150 g Putenschnitzel
30 g gekochter Schinken
4 EL Sojasauce
100 g chinesische Eiernudeln, 4 TL Öl
2 Eier, 50 g Sojabohnenkeimlinge
Öl zum Ausschwenken
40 g gekochte, geschälte Krabben
1 TL Zucker, 1/2 TL Pfeffer
2 TL Salz
1 Prise Glutamat, 30 g TK-Erbsen

1. Karotten, Fleisch und Schinken in Streifen schneiden, Fleisch kurz in Sojasauce marinieren. Nudeln kochen, abtropfen, mit wenig Öl vermischen, Eier verquirlen.

2. Fleisch, Schinken, Krabben und Gemüse unter Rühren braten und warmstellen. Rührei herstellen, die übrigen Zutaten untermischen und abschmecken.

Hähnchenschnitzel mit Gemüse

- Zubereitungszeit: ca. 1/2 Std.
- ca. 160 kcal je Portion
- Dazu paßt Reis

150 g Hähnchenschnitzel
150 g Brokkoli
150 g Karotten
1/2 kleiner Chinakohl
1 EL Öl
Salz, Zucker
schwarzer Kräuterpfeffer
je 1 TL Sojasauce und Sherry
Speisestärke

1. Das Hähnchenfleisch in dünne Streifen schneiden, den Brokkoli in Röschen teilen, die Brokkolistiele und die Karotten in Stifte schneiden. Den Chinakohl in Streifen schneiden.

2. Das Öl im Wok erhitzen, das Fleisch hineingeben und 2 Minuten unter Rühren braten, zur Seite schieben. Die Karotten und darüber die Brokkoli und den Chinakohl schichten.

3. Mit den Gewürzen abschmecken, die Speisestärke mit wenig Wasser anrühren und das Gemüse damit binden, alles noch 1 Minute dünsten.

Huhn mit Ananas

- Zubereitungszeit: ca. 1/2 Std.
- ca. 150 kcal je Portion
- Dazu passen gebratene Nudeln

1 ausgelöste Hühnerbrust
1/2 EL Speisestärke
Salz, frisch gemahlener Pfeffer
1 EL Öl
1/2 TL Ingwerpulver
12 Msp. milder Curry
150 g Ananasstücke aus der Dose
1 EL Sojasauce
75 ml Wasser
1 TL Ananassaft

1. Das Hühnerfleisch in kleine Scheiben schneiden und in einer Mischung aus Speisestärke, Salz und Pfeffer wenden. In heißem Öl etwa 5 Minuten beinahe gar braten.

2. Ingwer, Curry und Ananas hinzufügen und 5 Minuten ziehen lassen. Sojasauce und Wasser angießen. 1 Teelöffel Speisestärke in Ananassaft lösen und darunterziehen. Noch 5 Minuten dünsten.

Putenwürfel mit Ingwersauce

- Zubereitungszeit: ca. 1/2 Std.
- ca. 410 kcal je Portion
- Dazu paßt Reis

3–4 eingeweichte chinesische Pilze
250 g Putenbrust, Maisstärke
1/2 TL Fünf-Gewürz-Pulver
1/2 TL geschroteter Pfeffer
2 EL Erdnußöl, 2 Chilischoten
2 Knoblauchzehen
4 Frühlingszwiebeln
1/2 EL geriebene Ingwerwurzel
75 ml Reiswein, 1/8 l Geflügelbrühe
1–2 EL Sojasauce

1. Pilze in Streifen, Fleisch in mundgerechte Stücke schneiden. Stärke, Gewürzpulver und Pfeffer mischen, Fleisch darin wenden, anbraten und warmstellen.

2. Chilischoten und Knoblauch hacken, Frühlingszwiebeln in Stücke schneiden, alles mit dem Ingwer braten, mit Wein und Brühe angießen, binden und abschmecken.

Lachs mit Gemüse

- Zubereitungszeit: ca. 1 Std
- ca. 920 kcal je Portion
- Dazu paßt Reis

20 g chinesische Pilze
20 g Bambussprossen
2 Scheiben roher Schinken
20 g frischer Ingwer
3 Frühlingszwiebeln
400 g küchenfertiger Lachs
Salz
4 EL Schweineschmalz
1/2 TL weißer Pfeffer
1 Prise Glutamat
2 EL Reiswein
3 EL Sesamöl

1. Die Pilze 1 1/2 Stunden in lauwarmem Wasser einweichen. Die Bambussprossen, die Pilze und den Schinken in Streifen schneiden. Den Ingwer zerreiben, zwei von den Frühlingszwiebeln halbieren und eine fein hacken.

2. Den Fisch in kochendem Wasser 2 Minuten garen, herausnehmen und alle Zutaten auf dem Fisch zusammen mit dem Sesamöl verteilen. 30 bis 40 Minuten dämpfen.

3. Die halben Frühlingszwiebeln und den Ingwer entfernen, den Fisch mit der gehackten Frühlingszwiebel bestreuen. Sesamöl im Wok erhitzen, bis es dampft, und über den Fisch gießen.

Fisch mit Gemüsestreifen

- Zubereitungszeit: ca. 3/4 Std.
- Marinierzeit: ca. 1–2 Std.
- ca. 960 kcal je Portion
- Dazu paßt Baguette

300 g Fischfilet
Saft von 1/2 Zitrone
Salz
1/8 l Roséwein
1/2 TL Pfefferkörner
1 Lorbeerblatt
1 Bund Petersilie
125 g Karotten
4 Frühlingszwiebeln
1 kleine gelbe Paprikaschote
3 EL Butter
50 ml Sahne, 1 Eigelb
frisch gemahlener weißer Pfeffer

1. Das Fischfilet mit Zitronensaft beträufeln und salzen. In mundgerechte Stücke schneiden und in eine Form legen. Mit einer Marinade aus Wein mit Pfefferkörnern, Lorbeerblatt und der Hälfte der Petersilie begießen und 1 bis 2 Stunden durchziehen lassen.

2. Inzwischen das Gemüse in schmale, gleich große Stifte schneiden, im Wok 5 bis 10 Minuten in Butter dünsten. Den Fisch auf das Gemüse legen, die Hälfte der Marinade und die Sahne zugießen und weitere 10 Minuten dünsten.

3. Die Sauce mit Eigelb legieren, mit Salz und Pfeffer abschmecken. Die Petersilie hacken und über das fertige Gericht streuen.

Karpfen in saurer Sauce

- Zubereitungszeit: ca. 3/4 Std.
- Marinierzeit: ca. 1/2 Std.
- ca. 610 kcal je Portion
- Dazu paßt Reis

400 g Karpfenfilet
Saft von 1/2 Zitrone
2–3 EL Sojasauce
1/2 TL Fünf-Gewürz-Pulver
1/2 EL geriebene Ingwerwurzel
Salz, frisch gemahlener Pfeffer
1 Eiweiß
2–3 EL Maisstärke
Fett zum Ausbacken
1 Chilischote
1 Knoblauchzehe
je 1/2 rote und grüne Paprikaschote
1 EL Erdnußöl
75 g chinesische Mixed Pickles
1/8 l Gemüsebrühe

1. Die Karpfenfilets in Streifen schneiden, mit Zitronensaft, Sojasauce, Gewürzpulver, Ingwer, Salz und Pfeffer marinieren und kurz ziehen lassen.

2. Die Fischstreifen abtropfen lassen, in Eiweiß und Stärke panieren und in heißem Fett ausbacken und warm stellen.

3. Die Chilischote entkernen und mit der Knoblauchzehe hacken, die Paprikaschoten würfeln und alles in Öl anbraten. Die Mixed Pickles dazugeben, die Gemüsebrühe angießen und aufkochen lassen. Die Karpfenstreifen mit der heißen Sauce überziehen.
(auf dem Foto: oben)

Tintenfisch mit Gemüse

- Zubereitungszeit: ca. 3/4 Std.
- ca. 540 kcal je Portion
- Dazu paßt Reis

300 g TK-Tintenfischringe im Teigmantel
4 Frühlingszwiebeln
50 g Staudensellerie
50 g Bambussprossen
50 g Chinakohl
50 g Sojabohnenkeimlinge
50 g fetter Speck
1–2 EL Erdnußöl
1 Chilischote
1/2 TL geriebene Ingwerwurzel
1/2 EL Hoisinsauce
1/2 EL Austernsauce
1/2 l Gemüsebrühe
Salz, frisch gemahlener Pfeffer
1 Schuß Reiswein
Maisstärke

1. Die Tintenfischringe auftauen lassen. Das Gemüse in mundgerechte Stücke schneiden. Den Speck in Öl anbraten, die Chilischote entkernen und fein hacken und mit dem Ingwer hinzufügen.

2. Das Gemüse, die Sprossen, die Keimlinge und die Tintenfischringe ebenfalls im Öl braten, mit den Würzsaucen und der Gemüsebrühe löschen und zum Kochen bringen, mit Salz, Pfeffer und Reiswein abschmecken, mit der Speisestärke binden.
(auf dem Foto: unten)

Süßer Fisch

- Zubereitungszeit: ca. 1/2 Std.
- Marinierzeit: ca. 1/4 Std.
- ca. 450 kcal je Portion
- Dazu passen Bratkartoffeln

300 g Schollenfilet
2–3 EL Essig
Salz, frisch gemahlener Pfeffer
1 Eiweiß
1 EL Maisstärke
1 Prise Backpulver
2 EL Erdnußöl
1 Knoblauchzehe
4 Frühlingszwiebeln
2–3 EL Sojasauce
1 EL Hoisinsauce
1/2 TL geriebene Ingwerwurzel

1. Das Fischfilet in mundgerechte Scheiben schneiden, mit Essig übergießen, salzen, pfeffern und 10 bis 15 Minuten ziehen lassen.

2. Eiweiß mit Speisestärke und Backpulver mischen und den Fisch damit panieren, ihn portionsweise in Öl ausbacken, warm stellen.

3. Den Knoblauch hacken und die Frühlingszwiebeln kleinschneiden und unter Rühren im verbliebenen Bratfett braten.

4. Die Soja- und die Hoisinsauce, den Ingwer und den Fisch dazugeben, gut mischen und nochmals erhitzen.

Scharfer Fisch

- Zubereitungszeit: ca. 3/4 Std.
- ca. 290 kcal je Portion
- Dazu paßt Reis

300 g gewürfeltes Seefischfilet
Saft von 1/2 Zitrone
Öl
4 Frühlingszwiebeln
1/2 Staudensellerie
3 eingeweichte chinesische Pilze
50 g Bambussprossen
150 ml Geflügelbrühe
1/2 EL Speisestärke
1/2 TL Fünf-Gewürz-Pulver
1/2 TL geschroteter Szetschuan-Pfeffer
1 Prise Glutamat

Für die Marinade:
je 1 EL Sojasauce und Austernsauce
1/2 EL geriebene Schale einer unbehandelten Zitrone
1 Msp. Ingwerpulver
Salz, frisch gemahlener Szetschuanpfeffer
1 Eiweiß, 1–2 EL Speisestärke

1. Die Fischwürfel mit Zitronensaft beträufeln, die Zutaten für die Marinade miteinander verrühren, über den Fisch geben und ihn durchziehen lassen.

2. Die Fischwürfel abtropfen lassen und im Wok in Öl ausbacken, herausnehmen und warm stellen.

3. Das Gemüse in Streifen schneiden, im verbliebenen Fett fritieren, das Öl abgießen und die Geflügelbrühe mit der Speisestärke anrühren und das Gemüse damit binden. Aufkochen lassen.

4. Den Fisch dazugeben und das Gericht nochmals abschmecken.

Scharf gebratener Fisch

- Zubereitungszeit: ca. 1/2 Std.
- Marinierzeit: ca. 4 Std.
- ca. 580 kcal je Portion
- Dazu paßt Schwarzbrot

400 g Fischfilet (»festes Fleisch«)
2–3 EL Sojasauce
2–3 EL Reiswein
Salz
1/2 TL geschrotete Pfefferkörner
1/2 TL geriebene Ingwerwurzel
1 gehackte Knoblauchzehe
1/8 l Gemüsebrühe
1/2 EL Austernsauce
1 EL Honig
1–2 EL Essig
1 Msp. Fünf-Gewürz-Pulver
75 ml Erdnußöl
frisch gemahlener Pfeffer
etwas Zitronensaft
1 EL Schnittlauchröllchen

1. Das Fischfilet in Streifen schneiden, in einer Marinade aus Sojasauce, Reiswein, Salz und Pfefferkörnern, Ingwer und Knoblauch zugedeckt im Kühlschrank 4 Stunden ziehen lassen. Die Fischfilets herausnehmen und abtropfen lassen.

2. Die Marinade mit der Brühe, Austernsauce, Honig, Essig und Gewürzpulver zum Kochen bringen. Die Fischfilets in den Sud geben und 8 bis 10 Minuten garen.

3. Das Öl im Wok erhitzen, die Fischfilets abtropfen lassen und darin vorsichtig unter Rühren braten, herausnehmen und anrichten, mit Salz, Pfeffer und Zitronensaft würzen, mit Schnittlauch bestreuen.
(auf dem Foto oben)

Garnelen mit gebratenem Gemüse

- Zubereitungszeit: ca. 1/2 Std.
- Marinierzeit: ca. 1/4 Std.
- ca. 400 kcal je Portion
- Dazu paßt Reis

2–3 eingeweichte chinesische Pilze
200 g ausgelöste Garnelenschwänze
1–2 EL Sojasauce
1–2 EL Austernsauce
2–3 EL Reiswein
Saft von 1/2 Zitrone
2 Frühlingszwiebeln
50 g Zuckererbsen
50 g Bambussprossen
50 g Sojabohnenkeimlinge
je 1/2 rote und grüne Paprikaschote
1–2 EL Erdnußöl
200 g gekochte Nudeln
(65 g Rohprodukt)
75 ml Gemüsebrühe
Salz, frisch gemahlener Pfeffer
1 Prise Cayennepfeffer

1. Die Pilze in Streifen schneiden. Die Garnelen in den Würzsaucen, Reiswein und Zitronensaft 10 bis 15 Minuten marinieren.

2. Das Gemüse in dünne Streifen schneiden, in Öl unter ständigem Rühren kräftig anbraten.

3. Die Garnelen mit der Marinade, den Nudeln und der Brühe dazugeben, alles aufkochen lassen und abschmecken.
(auf dem Foto unten)

SCHNELL · WÜRZIG

Tiefseegarnelen chinesische Art

- Zubereitungszeit: ca. 1/2 Std.
- Marinierzeit: ca. 2 Std.
- ca. 330 kcal je Portion
- Dazu paßt Reis

200 g chinesische Tiefseegarnelen
2 EL Sojasauce, Austernsauce
2 EL Reiswein, Saft von 1/2 Zitrone
2 EL Sesamöl, 4 Frühlingszwiebeln
1 Karotte
1 Stangensellerie
2 eingeweichte, chinesische Pilze
50 g Sojabohnenkeimlinge
1/8 l Geflügelbrühe
1/2 TL Curry
1/2 TL Paprikapulver
1 Prise Glutamat
Salz, frisch gemahlener Pfeffer
Speisestärke

1. Garnelen in Würzsaucen, mit Wein und Zitronensaft vemischt, marinieren.

2. In Streifen geschnittene Gemüse unter Rühren anbraten, Garnelen mitschmoren, abschmecken, Sauce binden.

Garnelen fernöstliche Art

- Zubereitungszeit: ca. 1/2 Std.
- Marinierzeit: ca. 1 Std.
- ca. 350 kcal je Portion
- Dazu paßt Reis

10 schalenlose Riesengarnelen
1 EL Zitronensaft, 75 ml Weißwein
je 1 EL Sojasauce und Honig
Salz, Szetschuan-Pfeffer
4 EL Sesamöl
1 gehackte Knoblauchzehe
4 Frühlingszwiebeln, 1 Karotte
1/2 Paprikaschote
1/2 TL Fünf-Gewürz-Pulver
1/2 TL Speisestärke, 1 Prise Glutamat

1. Zitronensaft, Wein, Sojasauce, Honig, Salz und Pfeffer mischen, Garnelen darin 1 Stunde marinieren.

2. Gemüse in Streifen schneiden. Garnelen im Wok anbraten, Gemüse dazugeben, unter Rühren braten, Marinade mit Gewürzpulver und Strärke verrühren und dazugeben, aufkochen und abschmecken.

Pikante Fischwürfel

- Zubereitungszeit: ca. 3/4 Std.
- Marinierzeit: ca. 20 Min.
- ca. 580 kcal je Portion
- Dazu paßt Reis

400 g Rotbarschfilet, Zitronensaft
2–3 EL Sojasauce, 2–3 EL Essig
Salz, frisch gemahlener Pfeffer
1/2 TL Fünf-Gewürz-Pulver, Zucker
1 Ei, 2 EL Maisstärke
Fett, 2 Karotten
50 g Erbsen, 1/2 Zwiebel
1/2 EL Erdnußöl, 1/2 l Tomatensauce

1. Das Fischfilet würfeln, mit Zitronensaft, Sojasauce und Essig beträufeln und kurz ziehen lassen. Mit Salz, Pfeffer, Gewürzpulver und Zucker würzen.

2. Das Ei verquirlen. Die Fischwürfel in Ei und Stärke wenden und im heißen Fett ausbacken. Herausnehmen und warm stellen.

3. Das Gemüse kleinschneiden und in Öl unter Rühren braten, die Fischmarinade und die Tomatensauce angießen, die Fischwürfel hineingeben und nochmals erhitzen.

Geschmorter Fisch

- Zubereitungszeit: ca. 1/2 Std.
- ca. 360 kcal je Portion
- Dazu paßt Reis

1 EL Sesamöl
1 gehackte Knoblauchzehe
1 gehackte Zwiebel
je 1/2 gewürfelte rote und grüne Paprikaschote
50 g Sojabohnenkeimlinge
3 in Streifen geschnittene eingeweichte chinesische Pilze
4 EL Tomatenketchup
1/8 l gebundene Bratensauce
je 1 EL Honig, Essig und Sojasauce
1–2 EL Mangochutney
300 g gewürfeltes Fischfilet
Saft von 1/2 Zitrone
1/2 TL Fünf-Gewürz-Pulver
1 Prise Glutamat

1. Knoblauchzehe und das Gemüse unter Rühren braten. Ketchup, Bratensauce, Gewürze und Saucen dazugeben und aufkochen.

2. Fisch mit Zitrone beträufeln, mit Gewürzpulver würzen und 1/4 Stunde mitschmoren.

Süß-saure Krabben mit Reis

- Zubereitungszeit: ca. 1/2 Std.
- ca. 230 kcal je Portion
- Dazu paßt ein Glas Mineralwasser

1 Karotte
4 Frühlingszwiebeln
2 EL Erdnußöl
100 g Nordseekrabben
1 EL Sojasauce
1 EL Austernsauce
1–2 EL Obstessig
1/2 TL Zucker
1 Ei
Salz, frisch gemahlener Szetschuanpfeffer
150 g gekochter Reis
2 EL Schnittlauchröllchen
1 EL Mandelsplitter

1. Die Karotten und die Frühlingszwiebeln in mundgerechte Stücke schneiden. Das Öl im Wok erhitzen und das Gemüse mit den Krabben darin scharf anbraten.

2. Die Würzsaucen, Essig und Zucker unterrühren, aufkochen und vollständig einkochen lassen. Das Ei verschlagen, mit Salz und Pfeffer würzen, in den Wok geben und unter Rühren stocken lassen.

3. Den Reis dazugeben und erhitzen. Mit Schnittlauch und Mandelsplittern bestreuen.

Gebratene Hummerkrabben

- Zubereitungszeit: ca. 1/2 Std.
- ca. 250 kcal je Portion
- Dazu paßt Weißbrot

12 Hummerkrabben in der Schale
2 EL Erdnußöl
4 Frühlingszwiebeln
1 Knoblauchzehe
Salz
75 g Sojabohnenkeimlinge
1 EL Sojasauce
1 EL Honig
1–2 EL Essig
75 ml Hühnerbrühe
1/2 zerstoßene, getrocknete Chilischote
1 Msp. Glutamat
1/2 TL Stärkemehl
2 EL Reiswein

1. Die Hummerkrabben waschen und trockentupfen. Das Öl im Wok erhitzen und die Krabben unter ständigem Rühren 4 Minuten braten.

2. Die Frühlingszwiebeln in Stücke schneiden, die Knoblauchzehe mit Salz zerreiben, beides mit den Sojabohnenkeimlingen dazugeben.

3. Sojasauce, Honig und Essig unterrühren, mit Hühnerbrühe auffüllen.

4. Mit der Chilischote und dem Glutamat würzen, das Stärkemehl mit dem Reiswein glattrühren und die Sauce damit binden, noch einmal aufkochen lassen.

Garnelenschwänze mit Tofu

- Zubereitungszeit: ca. 1 Std.
- ca. 530 kcal je Portion
- Dazu paßt Reis

2–3 eingeweichte chinesische Pilze
1/2 Zwiebel
je 1/2 rote und grüne Paprikaschote
200 g ausgelöste Garnelenschwänze
Saft von 1/2 Zitrone
100 g Schweinehackfleisch
1/2 geriebene Ingwerwurzel
1–2 EL Erdnußöl
Salz, frisch gemahlener Pfeffer
100 g Tofu
2–3 EL Sojasauce
2–3 EL Reiswein
1 TL Austernsauce
1 TL Hoisinsauce
1/2 l Gemüsebrühe
Maisstärke

1. Die Pilze und das Gemüse in Streifen schneiden. Die Garnelenschwänze mit Zitronensaft beträufeln.

2. Zuerst das Hackfleisch mit dem Ingwer, zuletzt das Gemüse unter Rühren braten, mit Salz und Pfeffer würzen. Den Tofu würfeln.

3. Fleisch, Garnelenschwänze und Tofu mit den Gewürzsaucen, dem Reiswein und der Brühe zum Gemüse geben und zum Kochen bringen. Mit Stärke binden.
(auf dem Foto: oben)

Pfannengerührte Scampi

- Zubereitungszeit: ca. 1/2 Std.
- ca. 470 kcal je Portion
- Dazu paßt Reis

250 g ausgelöste Scampi
2–3 EL Erdnußöl
1 Knoblauchzehe
1/2 Zwiebel
1 Karotte
200 g Chinakohl oder Wirsing
1/2 geriebene Ingwerwurzel
125 ml Reiswein
1/8 l Gemüsebrühe
1–2 EL Sojasauce
1 EL Austernsauce
1/2 TL Fünf-Gewürz-Pulver
1 EL Maisstärke
1 EL gehackte Petersilie

1. Die Scampi säubern und abtrocknen. Das Erdnußöl im Wok erhitzen und die Scampi unter Rühren braten und herausnehmen.

2. Die Knoblauchzehe fein hacken, das Gemüse in Streifen schneiden, beides im verbliebenen Bratfett dünsten.

3. Die Ingwerwurzel, Reiswein, Gemüsebrühe, Soja- und Austernsauce sowie das Gewürzpulver dazugeben und aufkochen lassen. Mit Stärke binden, die Scampi nochmals miterhitzen. Mit Petersilie bestreuen.
(auf dem Foto: unten)

GEMÜSE-GERICHTE

Gemüse spielt für eine gesunde Ernährung eine wichtige Rolle. Es liefert Vitamine und Ballaststoffe. Mit seiner Geschmacksvielfalt ergänzt es viele Gerichte und ist gerade aus der chinesischen Küche nicht wegzudenken. Hier wird es in verschiedenen Zubereitungsarten nicht nur als Beilage, sondern als eigenständiges Hauptgericht serviert.

Brokkoli mit Knoblauch

- Zubereitungszeit: ca. 1/4 Std.
- ca. 360 kcal je Portion
- Dazu paßt Reis

500 g Brokkoli
2 Knoblauchzehen
Öl
1 EL Zucker
1/2 TL Pfeffer
1 TL Salz
1 Prise Glutamat
75 ml Hühnerbrühe
2 TL in 6 EL Wasser angerührte Kartoffelstärke
4 TL Sesam- oder Karottenöl

1. Die Brokkoli in 3 cm breite und 2 cm lange Stücke schneiden bzw. in Röschen teilen, in 1 Liter Wasser 2 Minuten kochen, herausnehmen. Den Knoblauch sehr fein hacken.

2. Den Wok mit Öl ausschwenken, den Knoblauch in 8 Eßlöffeln Öl anbraten, den Brokkoli hinzugeben und bei großer Flamme unter Rühren 3 Minuten braten.

3. Mit Zucker, Pfeffer, Salz, Glutamat und Hühnerbrühe abschmecken, aufkochen lassen und nach 1 Minute die Kartoffelstärke in die Sauce einrühren, mit Sesamöl verfeinern.

Variation:
Sie können den Brokkoli auch durch Blumenkohl ersetzen.

SCHNELL
AROMATISCH

Linsenpfanne

- Zubereitungszeit: ca. 3/4 Std.
- Einweichzeit: ca. 12 Std.
- ca. 530 kcal je Portion
- Dazu passen Salzkartoffeln

100 g Linsen
2 EL Weizen-und Gerstenkörner
1/2 l Gemüsebrühe
1 gewürfelte Karotte
2 gewürfelte Stangen Bleichsellerie
1 grob gehackte Zwiebel
2 EL Butter
100 g halbierte Champignons
Salz, frisch gemahlener Pfeffer
2 EL feingehackte Petersilie
2 EL Schnittlauchröllchen

1. Die Linsen, die Gersten- und die Weizenkörner über Nacht in Wasser einweichen. In der Gemüsebrühe etwa 1/2 Stunde bei schwacher bis mittlerer Hitze im geschlossenen Topf garen. Während der ersten 5 Minuten den Deckel nicht schließen.

2. Die Zwiebel im Wok in Butter andünsten und die Champignons hinzufügen, unter Rühren einige Minuten schmoren lassen. Die Linsen und die Karotten- und Selleriestücke hineinrühren. Salzen und pfeffern und die frischen Kräuter darüberstreuen.

Kichererbsen-sprossenpfanne

- Zubereitungszeit. ca. 1/2 Std.
- Einweichzeit: ca. 12 Std.
- ca. 280 kcal je Portion
- Dazu paßt Weißbrot

1 kleine Zwiebel
1 EL Öl
2 Tassen selbstgezogene Kichererbsensprossen
1/2 TL gemahlener Koriander
1/2 TL Kurkuma
1 Msp. Cayennepfeffer
3–4 EL Gemüsebrühe
250 g Tomaten
1–2 EL Sahne
1/2 TL getrocknetes Basilikum
1 zerdrückte Knoblauchzehe
1/2 EL Zitronensaft
etwas gehackte Petersilie

1. Die Zwiebel in feine Würfel schneiden und in Öl glasig dünsten. Die Kichererbsensprossen hinzufügen und mit Koriander, Kurkuma und Cayennepfeffer bestäuben. Mit der Gemüsebrühe ablöschen und alles bei kleiner Flamme 10 Minuten kochen lassen.

2. Inzwischen die Tomaten enthäuten, würfeln und hinzufügen. Die Sahne unterziehen, das Gericht mit Basilikum, Knoblauch und Zitronensaft abschmecken, mit Petersilie bestreuen.

Tip:
Ziehen Sie die Kichererbsensprossen selbst! Dabei müssen Sie mit einer Keimdauer von 3 Tagen rechnen. 3- bis 4mal täglich spülen und die Sprossen vor der Verwendung mindestens 12 Stunden einweichen!

Gemüse mit Tofu

- Zubereitungszeit: ca. 1/2 Std.
- ca. 320 kcal je Portion
- Dazu paßt Reis

200 g frischer Tofu
2 Frühlingszwiebeln
1/2 rote Paprikaschote
50 g Sojabohnenkeimlinge
2 EL Erdnußöl
Salz, frisch gemahlener Pfeffer
2–3 EL Sojasauce
2–3 EL Reiswein
1/2 geriebene Ingwerwurzel
1/2 TL Zucker
75 ml Gemüsebrühe
Maisstärke
3–4 eingeweichte chinesische Pilze
1 EL Schnittlauchröllchen

1. Den Tofu klein würfeln. Die Frühlingszwiebeln in 2 bis 3 cm große Stücke schneiden. Die Paprikaschote in Streifen schneiden, die Sojabohnenkeimlinge verlesen.

2. Im Wok den Tofu in Öl unter Rühren anbraten, salzen und pfeffern, herausnehmen und mit Sojasauce, Reiswein, Ingwer und Zucker marinieren.

3. Das Gemüse im verbliebenen Fett unter Rühren braten. Die Gemüsebrühe angießen, zum Kochen bringen und alles mit der angerührten Stärke binden.

4. Den Tofu mit der Marinade und den Pilzen hinzufügen, unter Rühren aufkochen lassen, das Gericht abschmecken und mit Schnittlauch bestreuen.
(auf dem Foto oben)

Frühlingsgemüse

- Zubereitungszeit: ca. 1/2 Std.
- ca. 960 kcal je Portion
- Dazu paßt gebratener Reis

1 Knoblauchzehe
Salz
4 EL Erdnußöl
1 EL Sojasauce
1 EL Hoisinsauce
4 gewürfelte Frühlingszwiebeln
1/2 in Streifen geschnittene Paprikaschote
50 g Sojabohnenkeimlinge
100 g kleingeschnittene Zuckererbsen
75 ml Geflügelbrühe
1/2 TL Tomatenmark
1/2 TL Speisestärke
Szetschuan-Pfeffer
einige Tropfen Zitronensaft
1 Prise Glutamat
2 EL Schnittlauchröllchen

1. Die Knoblauchzehe mit Salz zerreiben, in Öl anbraten und die Saucen dazugeben. Das Gemüse hinzufügen und unter ständigem Rühren erhitzen.

2. Die Geflügelbrühe mit dem Tomatenmark und der Speisestärke anrühren, zum Gemüse geben und nochmals aufkochen lassen, abschmecken und mit Schnittlauch bestreuen.
(auf dem Foto unten)

SCHNELL · AROMATISCH

SCHNELL · HERZHAFT

Chinakohl mit Krabben

- Zubereitungszeit: ca. 3/4 Std.
- ca. 250 kcal je Portion
- Dazu passen gebratene Nudeln

1/2 mittelgroßer Chinakohl
1 1/2 EL Sesamöl
4 Frühlingszwiebeln
50 Krabben oder Crevetten
75 ml Geflügelbrühe
1 Prise Salz
1 Prise frisch geriebener Ingwer
75 ml Milch
1 EL Speisestärke
frisch gemahlener Pfeffer
1/2 EL gehacktes Koriandergrün

1. Den Chinakohl in mundgerechte Stücke schneiden. Das Öl im Wok erhitzen, die Frühlingszwiebeln in Scheiben schneiden und darin anbraten, die Krabben hinzufügen.

2. Den Chinakohl unterrühren, mit der Geflügelbrühe auffüllen, mit Salz und Ingwer kräftig würzen.

3. Die Milch mit der Speisestärke glattrühren und das Gemüse damit binden. Mit Salz und Pfeffer abschmecken, mit dem Koriandergrün bestreuen.

Chinakohl mit Schinken

- Zubereitungszeit: ca. 1/2 Std.
- ca. 280 kcal je Portion
- Dazu paßt Bauernbrot

1 kleiner Chinakohl
1–2 EL Erdnußöl
50 g gekochter Schinken
1 kleine Zwiebel
je 1/2 rote und grüne Paprikaschote
4-5 eingeweichte chinesische Pilze
75 ml Geflügelbrühe
1 EL Tomatenmark
1 Msp. Glutamat
3–4 EL Essig
1 EL Sojasauce
1 EL Honig
Salz
1 Prise Zucker
einige Tropfen Chiliöl
1 TL Speisestärke

1. Den Chinakohl in mundgerechte Stücke schneiden. Das Öl im Wok erhitzen, den Schinken klein würfeln und anschwitzen. Das Gemüse klein würfeln und mitbraten. Die Pilze fein schneiden und hinzufügen.

2. Die Geflügelbrühe mit Tomatenmark, Glutamat, Essig, Sojasauce, Honig und Salz verrühren und zusammen mit dem Chinakohl in den Wok geben. Alles zusammen noch 2 Minuten dünsten.

3. Mit Zucker und Chiliöl abschmecken, die Speisestärke mit Wasser anrühren und das Gericht damit binden.

Pfannengerührter roter Kohl

- Zubereitungszeit: ca. 1/2 Std.
- ca. 190 kcal je Portion
- Paßt zu Fleischgerichten

400 g Weißkohl
1/2 Paprikaschote
1 kleine Chilischote
1 Knoblauchzehe
1 Zwiebel
1–2 EL Schweineschmalz
1/2 geriebene Ingwerwurzel
1 EL Tomatenmark
1 EL Essig
2–3 EL Sojasauce
1/2 TL Zucker
Salz, frisch gemahlener Pfeffer
1/8 l Gemüsebrühe
2 EL Schnittlauch

1. Die Weißkohlblätter raspeln, die Paprikaschote in dünne Streifen schneiden, beides in Salzwasser kurz blanchieren.

2. Die Chilischote entkernen und mit der Knoblauchzehe hacken. Die Zwiebel fein würfeln. Das Gemüse mit der Chilischote und der Zwiebel im heißen Fett unter Rühren braten.

3. Die Gewürze dazugeben und mit der Brühe auffüllen, kurz aufkochen lassen, das Gericht nochmals abschmecken und mit Schnittlauch bestreuen.

Gebackenes Gemüse

- Zubereitungszeit: ca. 3/4 Std.
- Marinierzeit: ca.12 Std.
- ca. 390 kcal je Portion

100 g Brokkoliröschen
100 g Blumenkohlröschen
100 g Rosenkohl
2 EL Honig
2 EL Sojasauce
2 EL Essig
1 TL Fünf-Gewürz-Pulver
Salz, geschroteter Pfeffer

Für den Teig:
100 g Mehl
75 ml Weißwein
1 kleines Eigelb
1 Eiweiß
1 Prise Salz
1/2 geriebene Schale einer unbehandelten Zitrone

1. Das Gemüse in Salzwasser blanchieren, gut abtropfen lassen und mit Honig, Sojasauce, Essig und Gewürzen mindestens eine Nacht im Kühlschrank marinieren.

2. Aus den übrigen Zutaten einen glatten Teig herstellen und würzen. Das Gemüse durch den Backteig ziehen und im schwimmenden Fett goldgelb ausbacken.

Rezeptverzeichnis

Dieses Buch gehört zu einer Kochbuchreihe, die die beliebtesten Themen aus dem Bereich Essen und Trinken aufgreift. Sie erhalten die Titel überall dort, wo es Bücher gibt.

Sie finden uns im Internet: **www.falken.de**

Bei diesem Buch handelt es sich um eine überarbeitete Ausgabe des bereits unter dem Titel »Gerichte aus dem Wok« (Nr. 1291) erschienenen Buches.

Dieses Buch wurde auf chlorfrei gebleichtem und säurefreiem Papier gedruckt.

ISBN 3 8068 1950 5

Umschlaggestaltung: Peter Udo Pinzer
Gestaltungskonzeption: Christa-Johanna Gramm
Redaktion dieser Auflage: Bettina Snowdon
Umschlagfotos: vorne außen: **TLC-Foto-Studio GmbH,** Velen-Ramsdorf (»Putengeschnetzeltes mit Nudeln«, Seite 36); vorne innen: **FALKEN Archiv;** hinten: **FALKEN Archiv** (»Gemüse mit Tofu«, Seite 58)
Fotos: FALKEN Archiv
Produktion: VerlagsService Dr. Helmut Neuberger & Karl Schaumann GmbH, Heimstetten
Satz: Fotosatz Völkl, Puchheim
Druck: Appl, Wemding

012910697X8